BEI GRIN MACHT SICH IHR WISSEN BEZAHLT

Uli Holtmann

Simulation von unebenen Oberflächen

Bump Mapping und Normal Mapping

GRIN Verlag

Bibliografische Information der Deutschen Nationalbibliothek:

Die Deutsche Bibliothek verzeichnet diese Publikation in der Deutschen National-
bibliografie; detaillierte bibliografische Daten sind im Internet über http://dnb.d-
nb.de/ abrufbar.

Impressum:

Copyright © 2011 GRIN Verlag GmbH
Druck und Bindung: Books on Demand GmbH, Norderstedt Germany
ISBN: 978-3-656-56339-6

Dieses Buch bei GRIN:

http://www.grin.com/de/e-book/266204/simulation-von-unebenen-oberflaechen

GRIN - Your knowledge has value

Der GRIN Verlag publiziert seit 1998 wissenschaftliche Arbeiten von Studenten, Hochschullehrern und anderen Akademikern als eBook und gedrucktes Buch. Die Verlagswebsite www.grin.com ist die ideale Plattform zur Veröffentlichung von Hausarbeiten, Abschlussarbeiten, wissenschaftlichen Aufsätzen, Dissertationen und Fachbüchern.

Besuchen Sie uns im Internet:

http://www.grin.com/

http://www.facebook.com/grincom

http://www.twitter.com/grin_com

Inhaltsverzeichnis

1 Einleitung

1.1 Überblick

In dem Paper „Simulation of Wrinkled Surfaces" beschreibt James F. Blinn im Jahr 1978 eine Methode, die heute Bump Mapping genannt wird, mit der sich raue und unebene Oberflächen auf eine realistische Art und Weise darstellen lassen, ohne dass jede Einkerbung einzeln modelliert werden muss.

1.2 Stand der Technik und Problemstellung

Bereits 1978 ist es möglich realistische und detailreiche Szenen rechnergestützt zu generieren, welchen jedoch immerzu ein Problem anhaftet. Ein Beobachter kann stets erkennen, dass es sich bei einer so entstandenen Aufnahme um kein echtes Foto, sondern um ein digital erstelltes Bild handelt. Vor allem ist dies darauf zurückzuführen, dass die Oberflächen der Objekte in einer solchen Szenerie unnatürlich glatt wirken.
Um Oberflächen plastischer und damit realististischer wirken zu lassen, bedarf es einer

Methode, welche die natürlichen Unebenenheiten simuliert, die echte Oberflächen mit sich bringen. Glücklicherweise wirken raue Oberflächen vor allem rau, wenn darauf einfallendes Licht gestreut reflektiert wird. Wie genau sich das nutzen lässt, erläutert James F. Blinn in seinem Paper Simulation of Wrinkled Surfaces.

1.3 Ein erster Versuch: Texture Mapping[Catmull 1975]

Zunächst zu einer Methode, die bereits einen richtigen Weg einschlägt. 1975 von E. E. Catmull präsentiert, verwendet das sogenannte Texture Mapping eine Texturfunktion, welche die Helligkeit der Textur einer Oberfläche an jedem Punkt abhängig von seinen Koordinaten bestimmt. Um diese Texturfunktion mit Werten zu füttern werden beispielsweise Fotos von Oberflächen digitalisiert.

Texture Mapping funktioniert sehr gut für Oberflächen mit Mustern, wie beispielsweise Kacheln oder Fliesen und liefert ansehnliche Ergebnisse. Besonders der Aspekt, dass die Werte der Texturfunktion an die Koordinaten der Punkte geknüpft werden, lässt auch raue Objekte in Bewegung glaubwürdig erscheinen, da sich die Helligkeitstextur dabei mitverändert.

Allerdings versagt diese Methoden, wenn unregelmäßige, raue Oberflächen, beispielsweise Steinwände, simuliert werden. Da für das Speisen der Texturfunktion vorzugsweise digitalisierte Fotos verwendet werden und der Lichteinfall der Aufnahme meist von dem der Szene abweicht, wirkt das Ergebnis wie eine glatte Oberfläche, auf die ein Foto geklebt wurde. Besonders auf gebogenen Oberflächen erzielt Texture Mapping keine zufriedenstellenden Bilder mehr.

1.4 Motivation

Die naheliegendste und vermutlich auch bestaussehendste Alternative wäre das Nachbilden jeder Oberflächenunebenheit, was jedoch zu einem ungleich hohen Rechenaufwand führt. Glücklicherweise bleibt uns das Modellieren einzelner Vertiefungen erspart, da die Wahrnehmung der Beschaffenheit von Oberflächen vor allem durch die Lichtreflektion beeinflusst wird.

Dies macht sich Blinn bei der von ihm vorgestellten Methode zu Nutze. Er greift die Idee einer Texturfunktion auf, verwendet sie jedoch nun um den Normalenvektor an allen Punkten einer Oberfläche zu verändern, bevor dieser für die Berechnung der Lichtintensität verwendet wird. Damit wird die Lichtreflektion scheinbar gestreut, was die Oberfläche uneben erscheinen lässt. Gleichzeitig wird durch Benutzung der Oberflächennormalen gewärleistet, dass sich die Lichtreflektionen der Verwinkelungen abhängig von der Position einer Lichtquelle bzw. des Objekts verändern.

2

2 Bump Mapping

2.1 Die Oberflächennormale

Die wichtigste Komponente des Bump Mappings ist der Normalenvektor eines Punktes auf einer Oberfläche. Eine solche Oberfläche ist gegeben durch die drei bivariaten Funktionen

$$X = X(u, v)$$

$$Y = Y(u, v)$$

$$Z = Z(u, v)$$

wobei u und v Laufvariablen zwischen 0 und 1 auf der Oberfläche selbst sind. Ist nun die x- und y-Koordinate eines Bildpunktes gegeben, lassen sich die oben genannten Funktionen leicht invertieren (Algorithmen für diese Berechnung sind in [Blinn 1977] zu finden), wodurch man u und v erhält. Diese werden wiederum dazu verwendet, um Z zu erhalten.

Für einen Punkt $\vec{P}$ auf der Oberfläche ergibt sich nun:

$$\vec{P} = \begin{pmatrix} X \\ Y \\ Z \end{pmatrix}$$

Aus den partiellen Ableitungen

$$\vec{P_u} = \begin{pmatrix} X_u \\ Y_u \\ Z_u \end{pmatrix} \text{ und } \vec{P_v} = \begin{pmatrix} X_v \\ Y_v \\ Z_v \end{pmatrix}$$

wird das Kreuzprodukt gebildet, um die Oberflächennormale am Punkt $\vec{P}$ zu erhalten:

$$\vec{N} = \vec{P_u} \times \vec{P_v}$$

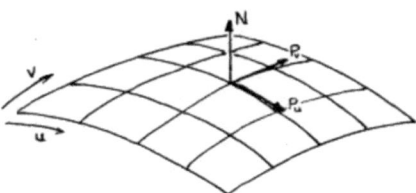

Abbildung 1: Die Oberflächennormale

3

2.2 Die Texturfunktion

Der so erhaltene Normalenvektor soll nun „gestört" werden, um eine Oberflächenunebenheit zu erzeugen. Dies geschieht mit Hilfe einer Texturfunktion $F = F(u, v)$. Sie gibt die Verschiebung der glatten Oberfläche entlang des Normalenvektors hin zur rauen Oberfläche an.

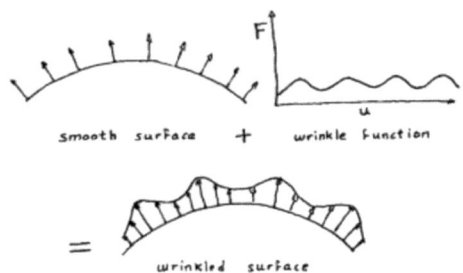

Abbildung 2: Wirkung der Texturfunktion

2.3 Störung der Oberflächennormale

Die neue Position des Punktes $\vec{P}$, nach seiner Verschiebung, lässt sich folgendermaßen angeben:

$$\vec{P}' = \vec{P} + F \cdot \frac{\vec{N}}{|\vec{N}|}$$

Weiterhin gilt für die neue Oberflächennormale $\vec{N}'$:

$$\vec{N}' = \vec{P}'_u \times \vec{P}'_v$$

Für die benötigten partiellen Ableitungen (entwickelt nach der Kettenregel) gilt:

$$\vec{P}'_u = \frac{d}{du}\vec{P}' = \frac{d}{du}(\vec{P} + F \cdot \frac{\vec{N}}{|\vec{N}|}) = \vec{P}_u + F_u \cdot \frac{\vec{N}}{|\vec{N}|} + F \cdot \frac{\vec{N}}{|\vec{N}|} \cdot u$$

$$\vec{P}'_v = \frac{d}{dv}\vec{P}' = \frac{d}{dv}(\vec{P} + F \cdot \frac{\vec{N}}{|\vec{N}|}) = \vec{P}_v + F_v \cdot \frac{\vec{N}}{|\vec{N}|} + F \cdot \frac{\vec{N}}{|\vec{N}|} \cdot v$$

Da der Wert von F für diese Anwendung vernachlässligbar klein ist, bleibt:

$$\vec{P}'_u = \vec{P}_u + F_u \cdot \frac{\vec{N}}{|\vec{N}|}$$

$$\vec{P}'_v = \vec{P}_v + F_v \cdot \frac{\vec{N}}{|\vec{N}|}$$

Damit ergibt sich für die gesuchte neue Oberflächennormale:

$$\vec{N}' = (\vec{P}_u + F_u \cdot \frac{\vec{N}}{|\vec{N}|}) \times (\vec{P}_v + F_v \cdot \frac{\vec{N}}{|\vec{N}|}) =$$

4

$$= (\vec{P}_u \times \vec{P}_v) + F_u \cdot \frac{\vec{N} \times \vec{P}_v}{|\vec{N}|} + F_v \cdot \frac{\vec{P}_v \times \vec{N}}{|\vec{N}|} + F_u \cdot F_v \cdot \frac{\vec{N} \times \vec{N}}{|\vec{N}|} =$$

$$= \vec{N} + F_u \cdot \frac{\vec{N} \times \vec{P}_v}{|\vec{N}|} + F_v \cdot \frac{\vec{P}_v \times \vec{N}}{|\vec{N}|} + 0 = \vec{N}' = \vec{N} + \vec{D}$$

wobei $\vec{D} = \frac{F_u \cdot (\vec{N} \times \vec{P}_v) - F_v \cdot (\vec{N} \times \vec{P}_u)}{|\vec{N}|}$ ist.

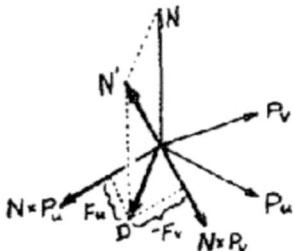

Abbildung 3: Die „gestörte" Oberflächennormale

2.4 Skalierung

Durch diese Rechnung erhält man den neuen, veränderten Normalenvektor der Oberfläche, jedoch entsteht gleichzeitig ein wesentliches Problem. Wird die Größe der Oberfläche hochskaliert, so flachen ihre Verwinkelungen ab. Eine Skalierungsunabhängige „Störung" der Oberflächennormale muss also um den gleichen Betrag skaliert werden, wie der Normalenvektor $\vec{N}$.

Dafür benötigt man zunächst eine weitere geometrische Interpretation des Bump Mappings. Hier wird der Vektor $\vec{N}$ um eine Achse $\vec{A}$ rotiert, die in der Tangentialebene zur Oberfläche am Punkt $\vec{P}$, aufgespannt durch $\vec{P}_u$ und $\vec{P}_v$, liegt.

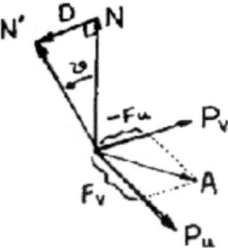

Abbildung 4: Eine weitere geometrische Interpretation

Diese Achse $\vec{A}$ erhält man aus dem Kreuzprodukt $\vec{N} \times \vec{N}'$:

$$\vec{N} \times \vec{N}' = \vec{N} \times (\vec{N} + \vec{D}) = \vec{N} \times \vec{D} = \frac{F_u \cdot (\vec{N} \times (\vec{N} \times \vec{P}_v)) - F_v \cdot (\vec{N} \times (\vec{N} \times \vec{P}_u))}{|\vec{N}|} =$$

$$= |\vec{N}| \cdot (F_v \cdot \vec{P}_u - F_u \cdot \vec{P}_v) \equiv |\vec{N}| \cdot \vec{A}$$

Da nach obiger Rechnung $\vec{N} \times \vec{D} = |\vec{N}| \cdot \vec{A}$ gilt und $\vec{N}$ rechtwinklig zu $\vec{D}$ ist, ergibt sich mit den Rechenregeln des Kreuzproduktes:

$$|\vec{N} \times \vec{D}| = |\vec{N}| \cdot |\vec{D}| \text{ und } |\vec{D}| = |\vec{A}|$$

Weiterhin bilden die Vektoren $\vec{N}$, $\vec{D}$ und $\vec{N}'$ ein rechtwinkliges Dreieck, wodurch man den Winkel ϑ berechnen kann, um den der Normalenvektor $\vec{N}$ rotiert wird:

$$\tan \vartheta = \frac{|\vec{D}|}{|\vec{N}|}$$

Da, wie bereits erwähnt, die Oberflächenveränderung um den gleichen Betrag wie $\vec{N}$ skaliert werden muss, folgt für den neuen Verschiebungsvektor $\vec{D}'$:

$$\vec{D}' = a \cdot \vec{D} \cdot \frac{|\vec{N}|}{|\vec{D}|} \text{ bzw. } |\vec{D}'| = a \cdot |\vec{N}|$$

Für den Skalierungsfaktor a erhält man schließlich:

$$a = \frac{|\vec{D}'|}{|\vec{N}|} = \tan \vartheta'$$

Bezieht man diesen Faktor a in der Berechnung von D' (siehe Formel oben) mit ein, bleibt der Effekt des Bump Mappings für ein Objekt stets wie gewünscht, unabhängig von seiner Skalierung.

3 Definition der Texturfunktion

3.1 Möglichkeiten für das Erstellen einer Texturfunktion

Nun fehlt für die Berechnung einer „gestörten" Oberflächennormale lediglich noch die Texturfunktion F. Eine solche Funktion kann analytisch als bivariate polynomiale Funtkion oder als Fourier-Reihe definiert werden. Um damit jedoch Werte zu generieren, die ausreichend komplex sind um für die Anwendung interessant zu sein, sind derart viele Koeffizienten nötig, dass dieses Vorgehen seinen Aufwand nicht rechtfertigen kann.
Deshalb ist es die wohl einfachste und gleichzeitig auch beste Lösung, eine zweidimensionale Tabelle anzulegen, die mit Werten für F gefüttert wird, welche bei der Berechnung der neuen Oberflächennormale abgerufen werden.

3.2 Algorithmen

Die allereinfachste Form Werte aus einer bereits angelegten Tabelle, bestehend aus einem Array mit beispielsweise 64 mal 64 Elementen, für F abzufragen, sieht wie folgt aus:

```
1  float f (float u, float v) {
2      int i_u = (int) (64*u);
3      int i_v = (int) (64*v);
4      return farray(i_u+1, i_v+1);
5  }
```

Eine exaktere Berechnung kann durch Interpolation zwischen den Tabelleneinträgen erreicht werden:

```
1  float f (float u, float v) {
2      int i_u = (int) (64*u);
3      float du = 64*u - i_u;
4      int i_v = (int) (64*v);
5      float dv = 64*v - i_v;
6      float f00 = farray(i_u+1, i_v+1);
7      float f10 = farray(i_u+2, i_v+1);
8      float f01 = farray(i_u+1, i_v+2);
9      float f11 = farray(i_u+2, i_v+2);
10     float fu0 = f00 + du*(f10-f00);
11     float fu1 = f01 + du*(f11-f01);
12     return (fu0 + dv*(fu1-fu0));
13 }
```

Schließlich ist es mit Hilfe dieser Funktion auch möglich die Ableitungen F_u und F_v zu berechnen:

```
1  float f_u (float u, float v) {
2      return (f(u+1/64, v) - f(u-1/64, v)) / (2/64);
3  }
4  float f_u (float u, float v) {
5      return (f(u, v+1/64) - f(u, v-1/64)) / (2/64);
6  }
```

4 Resultate

4.1 Bump Maps erzeugen

Eine leichte Möglichkeit gutaussehende Bump Maps zu erzeugen, ist es, die Funktionswerte von F einfach mit einem Zeichenprogramm in ein Bild zu malen. Hellere Bereiche werden als größere Werte von F interpretiert, während dunklere Bereiche kleinere Werte erzeugen. Wie überraschend gut der Effekt wirkt, ist in der folgenden Grafik zu erkennen:

Abbildung 5: Bump Maps „malen"

4.2 Schatten

Die Verwendung von Bump Maps statt echten Einkerbungen und Vertiefungen auf Oberflächen hat jedoch zur Folge, dass vermeintlich raue Objekte immernoch einen glatten Schatten werfen. Dieses Manko ist allerdings vernachlässigbar, da es kaum sichtbar ist und Bump Mapping gemessen an seiner benötigten Rechenleistung erstaunliche Ergebnisse liefert. So benötigt es im Renderdurchlauf lediglich etwa die zweifache Rechenzeit wie das Anbringen einer Textur.

4.3 Normal Mapping

Eine heutzutage vielfach verwendete Methode, die auf Bump Mapping basiert, ist das Normal Mapping. Besonders in der Echtzeitgrafik wird hier getrickst um Rechenleistung zu sparen.

Beim Normal Mapping entwirft ein Designer zwei Modelle des selben Objekts. Ein hochdetailliertes und eines mit weniger Details, bei dem die Polygonzahl etwa um den Faktor 10^3 reduziert wird. Eine Software errechnet nun aus dem Unterschied eine Bump Map, die zusammen mit dem detailärmeren Model verwendet wird.

In einem Videospiel oder einer gerenderten Szene wird jetzt nur noch das detailarme Modell benutzt, ein Betrachter glaubt sich jedoch dem detailreichen Modell gegenüber. Unterschiede werden nur deutlich, wenn man sehr genau hinsieht.

5 Schluss

Abschließend ist zu sagen, dass sich mit Bump Mapping erstaunlich gutaussehende Bilder erzeugen lassen. Die Oberflächen wirken überzeugend verwinkelt, trotz relativ geringem Rechenaufwand. Jedoch bleiben diese Unebenheiten immernoch eine Illusion, was man bei der Anwendung im Hinterkopf behalten sollte.

Heute ist Bump Mapping ein wichtiger Bestandteil der Computergrafik und findet in jedem Videospiel, Animationsfilm, etc. Verwendung.

6 Quellenverzeichnis

Literatur

[Blinn 1978] Blinn, J. F., SSimulation of Wrinkled Surfaces", In SIGGRAPH '78: Proceedings of the 5th annual conference on Computer Graphics and Interactive Techniques, pages 286-292, New York, NY, USA (1978)

[Catmull 1975] Catmull, E. E, "Computer Display of Curved Surfaces", Procc. IEEE Conf. on Computer Graphics, Pattern Recognition and Data Stuctures, Los Angeles (May 1975)

[Blinn 1977] Blinn, J. F., "Models of Light Reflection for Computer Synthesized Pictures", Proc. 4th Conference on Computer Graphics and Interactive Techniques, 1977